RÉVEILLER LES MORTS

DU MÊME TRADUCTEUR & AUTEUR

Aux Éditions du non-agir : catalogue complet sur www.non-agir.fr
La maison de thé
Lao She. Éditions monolingue et bilingue. 2017
La véridique histoire d'Ah Q
Lu Xun. Éditions monolingue et bilingue. 2015
De rêves & de fers (les enquêtes surnaturelles du juge Pao)
Traduit du chinois (XVIIᵉ siècle). Dix-huit nouvelles policières chinoises anciennes. Auteur anonyme. 2013
Histoires anciennes, revisitées
Lu Xun. Huit nouvelles fantastiques & satiriques. 2014
Divagations sur poèmes Tang
Douze poèmes Tang traduits en français et en anglais. 2014
Colporteurs des rues de Pékin : cris, bruits & produits
Samuel V. Constant (1936). 2014

Aux éditions Denoël
Hong Kong Noir. Chan Ho-kei. Roman Policier, 2016

Aux Presses de la Cité
Une famille explosive. Yan Ge. Roman, comédie de mœurs, 2017

Chez You Feng, libraire & éditeur
La montagne vide, Alai, roman, 2019
Cinq contes chinois bilingues, 2019
Biographie illustrée de Tu Youyou, prix Nobel 2015 de physiologie et de médecine, 2018
Connaître le bouddhisme, une éducation au bonheur, Vénérable Chin Kung, 2018
Les valeurs fondamentales de la civilisation chinoise, professeur Chen Lai (Université Qinghua), 2017
Petit lexique français/chinois des onomatopées, interjections & autres bruits 600 exemples tirés de la littérature chinoise contemporaine
Les martyrs des Monts No-Waang
La légende de Koxinga illustrée
BDs chinoises traditionnelles à thème historique. Bilingues.

LU XUN

RÉVEILLER LES MORTS

(1935)

Édition bilingue

Extrait du recueil
HISTOIRES ANCIENNES, REVISITÉES

Traduit du chinois par Alexis Brossollet

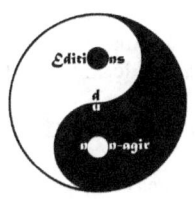

Titre original 起死, 1935

par 魯迅

© Éditions du non-agir
Paris, janvier 2014 pour cette traduction
Deuxième édition révisée, 2019
9, rue Anatole de la Forge
Dépôt légal : juin 2014

ISBN 979-10-92475-14-2

Tous droits de reproduction et d'adaptation réservés pour tous pays

Préface

& présentation de l'édition bilingue

LE PRÉSENT OPUSCULE constitue l'édition bilingue du dernier des huit récits rassemblés dans *Histoires anciennes, revisitées*, troisième recueil de nouvelles de Lu Xun publié moins d'un an avant sa mort qui surviendra en octobre 1936. *Réveiller les morts* diffère des sept autres récits du recueil par sa forme : il s'agit d'une très courte pièce de théâtre en un seul acte plutôt que d'une nouvelle traditionnelle. Il est l'un des plus amers et irrévérencieux de l'ouvrage, et aussi l'un des plus anachroniques, mêlant délibérément les mêmes acteurs de l'Antiquité que dans le reste du livre (ici, le philosophe Zhuangzi[1]) et un policier tout ce qu'il y a de plus moderne aussi bien dans son accoutrement que dans sa veulerie.

Que dire d'ailleurs ici de Zhuangzi, le fondateur avec Laozi du taoïsme, sans enfoncer les portes ouvertes, sinon qu'il est ici victime, et bellement, du même traitement sacrilège infligé par Lu Xun dans *Histoires anciennes, revisitées*, à toutes les légendes rapportées et dénoncées dans le même souffle ? Lu Xun ne porte pas le taoïsme en son cœur, même s'il partage au fond les mêmes idées de primauté de l'individu qui distinguent ce courant philosophique

---

[1] 庄子 Zhuāngzǐ, « Maître Zhuang », prénommé 周 Zhōu ; EFEO *Tchouang Tseu* ou *Tchuang Tcheou*. Auteur de l'ouvrage taoïste classique éponyme. Il aurait vécu entre -369 et -286.

des doctrines confucéennes, légistes ou moïstes, même s'il est, comme Zhuangzi, un iconoclaste. Sa religion, il l'écrit dans une de ses lettres, c'est la « réforme politique » et il ne s'embarrasse guère des oripeaux d'une philosophie trop souvent détournée, et moribonde à son époque (le premier tiers du XXe siècle, celui de la chute de l'Empire, des Seigneurs de la guerre et des premiers combats entre communistes et nationalistes).

Pour citer Simon Leys sur Lu Xun[2], « s'il mettait une telle fureur dans ses attaques [contre la culture traditionnelle], c'était précisément parce qu'il avait à les tourner d'abord et essentiellement contre lui-même, contre cette présence du passé en lui, contre cette complicité maudite qu'il appelait tantôt "les habitudes accumulées", tantôt "le fardeau des ténèbres" ou "les fantômes" ». Les choses sont donc loin d'être simples…

À la décharge du philosophe, il faut quand même préciser que la tradition veut qu'il ait refusé les charges honorifiques que lui offrait le roi de Tch'ou, contrairement à ce que Lu Xun laisse entendre dans son texte…

*

CHAQUE DOUBLE PAGE DU LIVRE porte à gauche la version originale chinoise, et en regard à droite sa traduction française. Le niveau de difficulté de la

---

[2] Dans Simon Leys, *Essais sur la Chine*, Robert Laffont, Paris, 1998, p. 449. Il s'agit de l'introduction de Leys au recueil *La mauvaise herbe*, dans une traduction de 1975.

langue chinoise, parce qu'il s'agit d'un dialogue, est nettement plus bas que pour les sept autres nouvelles, et peut donc être abordé par un lecteur de niveau intermédiaire ; pour faciliter la lecture et la compréhension, sont données en dessous du texte chinois les prononciations et définitions exactes d'un certain nombre de caractères ou d'expression plus rares (soulignés ou marqués d'un astérisque dans le texte chinois) ainsi que quelques notes explicatives à caractère culturel.

Le signe (…) apparaît quand, pour les besoins de mise en page des versions bilingues en vis-à-vis, il a fallu couper une réplique et renvoyer sa suite deux pages plus loin.

Avertissement

LE SYSTÈME DE TRANSCRIPTION en caractères latins des noms chinois utilisé dans cette deuxième édition de la version bilingue de la traduction de *Réveiller les morts* est le *pinyin*, système officiel de la République populaire de Chine, choisi pour faciliter la tâche des apprentis sinisants qui constitueront l'essentiel de son lectorat. Le *pinyin* est également utilisé dans la préface et dans les quelques notes, mais nous y indiquons également dans les notes la transcription « classique » de certains noms dans la transcription de l'École française d'Extrême-Orient (EFEO).

Réveiller les morts

**Zhuangzi le philosophe rêve qu'il est un papillon.
Peinture de la dynastie Ming (XVIe siècle)**

（一大片荒地。处处有些土冈，最高的不过六七尺。没有树木。遍地都是杂乱的蓬草；草间有一条人马踏成的路径。离路不远，有一个水溜。远处望见房屋。）

庄子——（黑瘦面皮，花白的络腮胡子，道冠，布袍，拿着马鞭*，上。）出门没有水喝，一下子就觉得口渴。口渴可不是玩意儿呀，真不如化为蝴蝶。可是这里也没有花儿呀，……哦！海子在这里了，运气，运气！（他跑到水溜旁边，拨开浮萍，用手掬起水来，喝了十几口。）唔，好了。慢慢的上路。（走着，向四处看，）阿呀！一个髑髅。这是怎的？（用马鞭在蓬草间拨了一拨，敲着，说：）

您是贪生怕死，倒行逆施，成了这样的呢？（橐橐。）还是失掉地盘，吃着板刀，成了这样的呢？（橐橐。）还是闹得一榻胡涂，对不起父母妻子，成了这样的呢？（橐橐。）(…)

尺　　*chě*. Unité de mesure ancienne, dérivée de la longueur de l'avant-bras et généralement traduite par « pied ». Le *che* valait environ 23 cm sous l'Antiquité (1/3 m aujourd'hui).

* *Cravache* : ce détail signifie, dans l'opéra traditionnel, que le personnage est à cheval.

髑髅　*dúlóu* : « tête de mort ».

橐橐　*tuótuó* : « tap-tap, toc-toc »... onomatopée utilisée pour les bruits de pas ou de tapotement.

UNE VASTE ÉTENDUE DÉSOLÉE, parsemée de monticules de terre dont le plus haut ne dépasse pas six ou sept pieds. Pas un seul arbre, mais profusion désordonnée de buissons d'herbes folles. Un sentier a été tracé à travers l'herbe par le piétinement des passants et les sabots des chevaux. Tout près du sentier coule un ruisseau. Au loin, on aperçoit des maisons.

ZHUANGZI *(Le visage maigre et noir, la barbe et les favoris poivre et sel, coiffé d'un bonnet de taoïste, vêtu d'une robe de toile et tenant une cravache à la main, rentre en scène)* — Rien eu à boire depuis que je suis parti, j'ai atrocement soif. La soif, ce n'est pas marrant... si seulement je pouvais me transformer en papillon ! Quoiqu'il n'y ait aucune fleur non plus dans le coin... Oh ! de l'eau, quelle chance ! *(Il court jusqu'au bord du ruisseau, écarte les lentilles d'eau et puise l'eau à deux mains. Il boit plus de dix gorgées)* Ouf ! Ça fait du bien. Repartons, mais pas trop vite... *(Il se relève, regarde tout autour de lui)* Holà ! Un crâne ! Comment est-il arrivé là ? *(Il farfouille dans l'herbe du bout de sa cravache et dit en tapotant sa macabre découverte :)*

« Est-ce la peur de la mort et vos dérisoires velléités de renverser le cours des choses qui vous ont mis dans un tel état ? *Tap tap.* À moins que vous n'ayez perdu votre fief et péri au combat sous les coups de sabre ? *Tap tap.* Ou bien auriez-vous causé quelque scandale et décidé de mettre fin à vos jours, ne supportant plus le regard de vos parents et de votre épouse ? *Tap tap.* (...)

(…) 您不知道自杀是弱者的行为吗？（橐橐橐！）还是年纪老了，活该死掉，成了这样的呢？（橐橐。）还是……唉，这倒是我胡涂，好像在做戏了。那里会回答。好在离楚国已经不远，用不着忙，还是请司命大神复他的形，生他的肉，和他谈谈闲天，再给他重回家乡，骨肉团聚罢。（放下马鞭，朝着东方，拱两手向天，提高了喉咙，大叫起来：）

至心朝礼，司命大天尊！……

（一阵阴风，许多蓬头的，秃头的，瘦的，胖的，男的，女的，老的，少的鬼魂出现。）

鬼魂——庄周，你这胡涂虫！花白了胡子，还是想不通。死了没有四季，也没有主人公。天地就是春秋，做皇帝也没有这么轻松。还是莫管闲事罢，快到楚国去干你自家的运动。

司命大神 — sīmìng dàshén, Dieu du Destin, également appelé 司命星君 sīmìng xīngjūn (Étoile du Destin) : divinité du panthéon taoïste, assimilée à l'étoile *Zeta Sagittarii* (Ascella) de la constellation du Sagittaire, qui décide de la vie et la mort des individus.

天尊 — *Tiānzūn* : « Dieu, Divinité ». Appellation respec-tueuse envers les divinités taoïstes ou envers le Bouddha.

胡涂虫 — *hútú chóng* : « simplet, abruti, bouché à l'émeri ».

(...) Ne savez-vous pas que le suicide est la solution des faibles ? *Tap tap tap.* Est-ce le froid ou la famine qui vous ont conduit ici ? *Tap tap.* Ou tout simplement votre jour était-il venu en raison du grand âge ? *Tap tap.* Ou bien... Ah ! Qu'est-ce que je raconte, on dirait que je suis sur scène. Comment me répondrait-il ? Je ne suis plus très loin des frontières de Chu[3], pas la peine de se presser ; je vais prier le Dieu du Destin de le ressusciter et de lui rendre forme humaine, on pourra bavarder un peu avant qu'il ne rentre chez lui et ne retrouve sa famille. *(Il pose sa cravache, se tourne vers l'Orient, joint les deux mains au-dessus de sa tête et appelle d'une voix forte :)* Je te rends mes sincères hommages, ô Dieu du Destin !... »

(Un vent mauvais souffle en brusques rafales et bientôt apparaît une cohorte de fantômes disparates, des hommes et des femmes, gras ou décharnés, chauves ou hirsutes, jeunes ou vieux.)

LES ESPRITS — Zhuang Zhou, pauvre crétin ! Ta barbe est déjà grise mais tu n'en as pas plus de cervelle pour autant. Après la mort il n'y a plus ni maîtres ni saisons, l'espace et le temps s'entre-mêlent ; même l'Empereur n'est pas plus à son aise ! Ne te mêle pas de ce qui ne te regarde pas et cours vite à Chu t'occuper de tes propres affaires.

---

[3] 楚 *Chǔ*, EFEO Tch'ou, important royaume antique situé à l'emplacement des provinces du Hubei et du Hunan actuel.

庄子——你们才是胡涂鬼，死了也还是想不通。要知道活就是死，死就是活呀，奴才也就是主人公。我是达性命之源的，可不受你们小鬼的运动。

鬼魂——那么，就给你当场出丑……

庄子——楚王的圣旨在我头上，更不怕你们小鬼的起哄！（又拱两手向天，提高了喉咙，大叫起来：）

至心朝礼，司命大天尊！
天地玄黄，宇宙洪荒。
日月盈昃，辰宿列张。
赵钱孙李，周吴郑王。
冯秦褚卫，姜沈韩杨。
太上老君急急如律令！
敕！敕！敕！＊

---

* Cette longue incantation sans queue ni tête comporte différentes strophes tirées de plusieurs ouvrages traditionnels sans aucun rapport avec la magie ou l'ésotérisme. La première est formée des quatre premiers vers du *Classique des mille caractères* (千字文 *Qiānzìwén*), dans lequel les enfants chinois apprenaient à lire. Elle est suivie d'une liste de seize noms de famille, tels qu'ils apparaissent en tête du *Classique des cent Noms* (百家姓 *Bǎijiāxìng*). Tous les Chinois capables de lire Lu Xun auraient, en tout cas à l'époque, immédiatement perçu la satire dirigée contre les soi-disant magiciens taoïstes et autres charlatans abusant de la crédulité du petit peuple.

敕　　*chì : impérial, ordre impérial.* Utilisé aussi pour les formules magiques et cérémonies rituelles.

ZHUANGZI — Qui est stupide ici, sinon ceux qui sont morts et ne peuvent plus penser ? Sachez que la vie et la mort sont interchangeables, que les esclaves sont les maîtres ! Qui a comme moi atteint les sources mêmes de la vie ne saurait être troublé par de petits fantômes comme vous.

LES ESPRITS — À ta guise, c'est toi qui vas te ridiculiser.

ZHUANGZI — Nanti de l'autorité sacrée du roi de Chu, qu'ai-je à craindre de vos petits jeux démoniaques ? *(Il salue de nouveau le ciel, lève la tête et reprend à voix haute :)*

« Je te rends mes sincères hommages,
Ô Dieu du Destin !
La terre est jaune, les cieux obscurs,
L'Univers n'est qu'un désert ;
La Lune croît puis décroît,
Le Soleil grimpe puis s'incline,
Les étoiles constellent le ciel nocturne.
Zhao Qian Sun Li,
Zhou Wu Zheng Wang !
Feng Qin Chu Wei,
Jiang Shen Han Yang !
Par ordre exprès de Laozi, le Vieux Seigneur,
montre-toi ! montre-toi ! »

（一阵清风，司命大神道冠布袍，黑瘦面皮，花白的络腮胡子，手执马鞭，在东方的朦胧中出现。鬼魂全都隐去。）

司命——庄周，你找我，又要闹什么玩意儿了？喝够了水，不安分起来了吗？

庄子——臣是见楚王去的，路经此地，看见一个空髑髅，却还存着头样子。该有父母妻子的罢，死在这里了，真是呜呼哀哉，可怜得很。所以恳请大神复他的形，还他的肉，给他活转来，好回家乡去。

司命——哈哈！这也不是真心话，你是肚子还没饱就找闲事做。认真不像认真，玩耍又不像玩耍。还是走你的路罢，不要和我来打岔。要知道"死生有命"，我也碍难随便安排。

庄子——大神错矣。其实那里有什么死生。我庄周曾经做梦变了蝴蝶，是一只飘飘荡荡的蝴蝶，醒来成了庄周，是一个忙忙碌碌的庄周。（…）

呜呼哀哉　　*wūhū āizāi* : *hélas ! tout est perdu !* Interjection initialement utilisée pour le deuil, a acquis ensuite un sens plus général, et parfois ironique.

死生有命　　*sīshēngyǒumìng* : citation des Analectes (ou Entretiens) de Confucius.

(Dans une bouffée d'air pur, le Dieu du Destin fait son apparition à l'Orient, vêtu d'une robe de toile et coiffé d'un bonnet taoïste, le visage noir encadré de barbe et de favoris poivre et sel. Les fantômes se volatilisent aussitôt.)

LE DIEU DU DESTIN — Zhuang Zhou, m'aurais-tu par hasard convoqué pour te livrer une fois de plus à je ne sais quelle combine ? Ta soif apaisée, ne pouvais-tu te contenter de ton sort ?

ZHUANGZI — Votre serviteur se rendait à la cour de Chu, il a trouvé un crâne creux qui gardait pourtant l'apparence d'une tête humaine. Hélas ! Son possesseur est mort en ce lieu, mais avait sûrement encore parents et épouses. Quelle pitié ! Aussi supplié-je votre Divinité de le ressusciter et de lui rendre forme humaine pour qu'il puisse regagner ses pénates.

LE DIEU — Ha ha ! Encore des entourloupes, tu te mêles des affaires des autres même avec l'estomac vide. Comment savoir si tu es sérieux ou si tu te moques de moi ? Va, reprends donc ton chemin et ne me dérange plus pour rien. Sache que tout en ce monde a sa propre destinée ; moi-même, j'aurais des problèmes si j'en disposais à ma guise.

ZHUANGZI — Vous avez tort, ô Dieu. En vérité, il n'y a ni mort, ni vie. Moi, Zhuangzi, j'ai fait jadis un rêve dans lequel j'étais un papillon, un petit papillon qui folâtrait gaiement, et je me suis réveillé en étant Zhuangzi, un Zhuangzi empêtré dans le quotidien ! *(…)*

(…)究竟是庄周做梦变了蝴蝶呢,还是蝴蝶做梦变了庄周呢,可是到现在还没有弄明白*。这样看来,又<u>安</u>知道这髑髅不是现在正活着,所谓活了转来之后,倒是死掉了呢?请大神随随便便,通融一点罢。做人要圆滑,做神也不必迂腐的。

司命——(微笑,)你也还是能说不能行,是人而非神……那么,也好,给你试试罢。

(司命用马鞭向蓬中一指。同时消失了。所指的地方,发出一道火光,跳起一个汉子来。)

汉子——(大约三十岁左右,体格高大,紫色脸,像是乡下人,全身赤条条的一丝不挂。用拳头揉了一通眼睛之后,定一定神,看见了庄子,)<u>唅</u>?

庄子——唅?(微笑着走近去,看定他,)你是怎么的?

汉子——唉唉,睡着了。你是怎么的?(向两边看,叫了起来,)阿呀,我的包裹和伞子呢?(向自己的身上看,)阿呀呀,我的衣服呢?(蹲了下去。)

安 　ān : il s'agit ici de la particule interrogative du chinois classique : où ? Comment ?

* La très célèbre métaphore du « Rêve du papillon », l'une des plus connues du taoïsme, est contenue dans le second chapitre du *Zhuangzi*.

唅 　kuài : ce caractère qui signifie *avaler* ou *haleter* n'est normalement pas utilisé comme interjection. Usage dialectal.

(...) Aujourd'hui encore, je ne suis pas certain que ce soit Zhuangzi qui ait rêvé d'être un papillon, ou le papillon qui cauchemarde d'être Zhuangzi. En voyant les choses sous cet angle, comment savoir si ce crâne n'est pas vivant en ce moment même, et si le retour à la vie ne serait pas en fait sa mort ? Je prie donc votre Divinité de fermer les yeux et de tordre un peu le bras au règlement. Un homme se doit d'avoir un minimum de souplesse, un dieu de n'être pas trop pontifiant !

LE DIEU *(Souriant)* — Tu as décidément la langue trop bien pendue pour ton propre bien... Tu es un homme, pas un dieu ! Allez va, ça passe pour cette fois.

(Il pointe sa cravache vers les buissons et disparaît. Au même moment jaillit une flamme à l'endroit qu'il désignait et un homme en surgit.)

L'HOMME *(La trentaine, haut de taille et le visage sanguin d'un paysan, nu comme au premier jour. Il se frotte les yeux avec les poings, semble recouvrer ses esprits et aperçoit Zhuangzi)* — Hein ?

ZHUANGZI — Comment ça, hein ? *(Il se rapproche, souriant, et le fixe du regard)* Comment te sens-tu ?

L'HOMME — Oh là là, qu'est-ce que j'ai dormi... Et toi, ça va ? *(Il regarde autour de lui et s'écrie)* Eh ? Où sont passées ma sacoche et mon ombrelle ? *(Il se regarde)* Aïe ! Et mes habits ? *(Il s'accroupit.)*

庄子——你静一静,不要着慌罢。你是刚刚活过来的。你的东西,我看是早已烂掉,或者给人拾去了。

汉子——你说什么?

庄子——我且问你:你姓甚名谁,那里人?

汉子——我是杨家庄的杨大呀。<u>学名</u>叫必恭。

庄子——那么,你到这里是来干什么的呢?

汉子——探亲去的呀,不提防在这里睡着了。(着急起来,)我的衣服呢?我的包裹和伞子呢?

庄子——你静一静,不要着慌罢——我且问你:你是什么时候的人?

汉子——(诧异,)什么?……什么叫作"什么时候的人"?……我的衣服呢?……

庄子——<u>啧啧</u>,你这人真是胡涂得要死的角儿——专管自己的衣服,真是一个彻底的利己主义者。你这"人"尚且没有弄明白,那里谈得到你的衣服呢?所以我首先要问你:你是什么时候的人?唉唉,你不懂。

学名　*xuémíng* : *prénom d'école,* différant de celui de naissance et parfois choisi par le professeur.

啧啧　*zézé* : onomatopée imitant le claquement de la langue, utilisée pour signifier aussi bien la réprobation que l'admiration ou le découragement... selon le contexte !

ZHUANGZI — Calme-toi, pas la peine de t'inquiéter. Tu viens de ressusciter. Tes affaires ont dû pourrir depuis longtemps, ou bien ce sont des passants qui les ont embarquées.

L'HOMME — Qu'est-ce que tu racontes ?

ZHUANGZI — Je te demande seulement : comment t'appelles-tu et d'où viens-tu ?

L'HOMME — Je suis Yang le Grand, du village des Yang. Mon prénom c'est Bigong, « le Respectueux ».

ZHUANGZI — Et qu'étais-tu venu faire par ici ?

L'HOMME — J'étais parti pour rendre visite à de la famille, et sans m'en rendre compte, j'ai dû m'endormir... *(Il se relève nerveusement)* Où sont mes habits ? Et la sacoche et l'ombrelle ?

ZHUANGZI — Calme toi, pas la peine de t'inquiéter. Réponds-moi : de quelle époque es-tu ?

L'HOMME *(Surpris)* — Hein ? Comment ça, de quelle époque ? Où sont mes habits ?

ZHUANGZI — Ttt ttt ttt, comment peut-on être borné à ce point – obnubilé par ses habits – quel terrifiant égocentrisme ! On n'a même pas déterminé qui tu étais, et tu parles déjà de tes habits ? Il faut faire les choses dans l'ordre : de quelle époque es-tu ? Pfffff... Tu ne comprends rien à rien. *(...)*

(…) ……那么,(想了一想,)我且问你:你先前活着的时候,村子里出了什么故事?

汉子——故事吗?有的。昨天,阿二嫂就和七太婆吵嘴。

庄子——还欠大!

汉子——还欠大? ……那么,杨小三旌表了孝子……

庄子——旌表了孝子,确也是一件大事情…… 不过还是很难查考……(想了一想,)再没有什么更大的事情,使大家因此闹了起来的了吗?

汉子——闹了起来?……(想着,)哦,有有!那还是三四个月前头,因为孩子们的魂灵,要摄去垫<u>鹿台</u>脚了,真吓得大家<u>鸡飞狗走</u>,赶忙做起符袋来,给孩子们带上……

庄子——(出惊,)鹿台?什么时候的鹿台?

汉子——就是三四个月前头动工的鹿台。

鹿台   *Lùtái* : la Terrasse du Cerf, était une construction grandiose du roi Zhou de Shang *(voir p. suivante)*, où il entreposait ses trésors et où il se suicida.

鸡飞狗走   *jīfēi gǒuzǒu* : « la poule s'envole et le chien s'enfuit ». Il s'agit d'un *chengyu* (expression toute faite, généralement d'origine littéraire et en quatre caractères). Signifie que la panique est telle qu'on ne sait plus que faire.

(…) Alors… *(Il réfléchit un moment)* Je reprends : à l'époque où tu vivais, s'est-il passé quoi que ce soit de notable dans ton village ?

L'HOMME — De notable ? Tu m'étonnes ! Hier la femme d'Ah le Deuxième s'est bagarrée avec la Septième aïeule…

ZHUANGZI — Il me faut quelque chose de plus important que ça !

L'HOMME — De plus important ?… Eh bien, on a décerné le prix de la Piété filiale à titre posthume à Petit Yang le Troisième…

ZHUANGZI — Oui, certes, le prix de la Piété filiale c'est important… Mais ça reste quand même difficile à situer… *(Il réfléchit)* Il n'y a rien eu d'encore plus important, qui aurait bouleversé tout le monde ?

L'HOMME — Bouleversé ? *(Il réfléchit)* Ah, ben oui ! Ça remonte à trois ou quatre mois, quand les âmes d'enfants sacrifiés devaient aller renforcer les fondations de la Terrasse du Cerf. Ça a mis tout le monde dans une telle panique qu'on a fait faire des talismans pour les donner à porter aux mômes…

ZHUANGZI — La Terrasse du Cerf ? Mais laquelle ?

L'HOMME — Ben, celle qu'ils ont commencé à construire il y a trois ou quatre mois !

庄子——那么，你是纣王的时候死的？这真了不得，你已经死了五百多年了。

汉子——（有点发怒，）先生，我和你还是初会，不要开玩笑罢。我不过在这儿睡了一忽，什么死了五百多年。我是有正经事，探亲去的。快还我的衣服，包裹和伞子。我没有陪你玩笑的工夫。

庄子——慢慢的，慢慢的，且让我来研究一下。你是怎么睡着的呀？

汉子——怎么睡着的吗？（想着，）我早上走到这地方，好像头顶上轰的一声，眼前一黑，就睡着了。

庄子——疼吗？

汉子——好像没有疼。

庄子——哦……（想了一想，）哦……我明白了。一定是你在<u>商朝的纣王</u>的时候，独个儿走到这地方，却遇着了断路强盗，从背后给你一面棍，把你打死，什么都抢走了。(…)

商朝的纣王

désigne le roi *Zhòu* 纣, dernier de la dynastie des *Shāng* 商 (du XVIIe au XIe siècles avant notre ère), réputé pour sa cruauté et sa dépravation. 纣 *Zhòu* est un nom péjoratif posthume (attribué par ceux qui l'avaient renversé…), qui désigne la partie du harnais du cheval passant sous la croupe, évidemment la moins noble.

ZHUANGZI *(Stupéfait)* — Ainsi tu serais mort à l'époque du dernier roi des Shang ! C'est incroyable ! Tu es resté mort pendant plus de cinq cents ans !

L'HOMME *(La moutarde commençant à lui monter au nez)* — Môsieur, on n'a pas gardé les cochons ensemble, c'est pas la peine de se foutre de ma gueule… J'ai juste piqué un petit roupillon, qu'est-ce que ça veut dire que ce « resté mort pendant plus de cinq cents ans » ? J'ai des choses sérieuses à faire, moi, j'dois aller visiter ma famille. Rendez-moi vite fait mes habits, ma sacoche et mon ombrelle. J'ai pas le temps d'écouter vos salades.

ZHUANGZI — Doucement, doucement, laisse-moi le temps de tout saisir. Comment t'es-tu endormi ?

L'HOMME — Comment je me suis endormi ? *(Il réfléchit)* Je suis arrivé ici de bon matin, j'ai cru entendre un grand boum ! au-dessus de ma tête, tout est devenu noir d'un seul coup. J'étais endormi !

ZHUANGZI — Ça t'a fait mal ?

L'HOMME — Y semble pas.

ZHUANGZI — Oh… *(Il réfléchit un moment)* Je… j'y suis. C'était donc très certainement à la fin des Shang… tu marchais seul par ici quand un bandit de grand chemin t'est tombé dessus et t'a asséné un grand coup de gourdin par-derrière, suffisant pour te tuer d'un coup, puis t'a dépouillé de toutes tes possessions. *(…)*

（……）现在我们是周朝，已经隔了五百多年，还那里去寻衣服。你懂了没有？

汉子——（瞪了眼睛，看着庄子，）我一点也不懂。先生，你还是不要胡闹，还我衣服，包裹和伞子罢。我是有正经事，探亲去的，没有陪你玩笑的工夫！

庄子——你这人真是不明道理……

汉子——谁不明道理？我不见了东西，当场捉住了你，不问你要，问谁要？（站起来。）

庄子——（着急，）你再听我讲：你原是一个髑髅，是我看得可怜，请司命大神给你活转来的。你想想看：你死了这许多年，那里还有衣服呢！我现在并不要你的谢礼，你且坐下，和我讲讲纣王那时候……

汉子——胡说！这话，就是三岁小孩子也不会相信的。我可是三十三岁了！（走开来，）你……

庄子——我可真有这本领。你该知道<u>漆园</u>的庄周的罢。

漆园 *Qīyuán*: localité ancienne (qu'on situe soit dans la province actuelle du Henan, soit dans le Shandong, soit dans l'Anhui), où Zhuangzi exerçait une charge de petit fonctionnaire.

(...) Maintenant c'est la dynastie des Zhou, il s'est écoulé plus de cinq cents ans, et tes habits, ce n'est même pas la peine d'y penser. Comprends-tu ?

L'HOMME *(Les yeux ronds, il contemple Zhuangzi)* — J'y comprends rien du tout... Monsieur, arrêtez de me faire tourner en bourrique et rendez-moi mes habits, mon sac et mon ombrelle. J'ai des choses sérieuses à faire, j'ai pas le temps de plaisanter.

ZHUANGZI — Décidément tu es bien lent à la détente...

L'HOMME — Qui est lent ? Mes affaires ont disparu, je vous attrape à tourner dans le coin, qui d'autre que vous pourrait les avoir prises ! *(Il se relève)*

ZHUANGZI *(Nerveusement)* — Attends ! Attends ! Écoute-moi : il ne restait de toi qu'un crâne, j'ai eu pitié et j'ai invoqué le Dieu du Destin pour te ressusciter. Songes-y donc un peu : tu es mort depuis tant d'années, comment tes habits se seraient-ils conservés jusqu'à ce jour ? Je n'exige de toi nul remerciement, je voudrais juste que tu t'assoies et que tu me parles un peu de l'époque de ce dernier roi des Chang...

L'HOMME — Foutaises ! Ton histoire, même un enfant de trois ans n'en goberait pas un mot. Et moi, j'en ai trente-trois ! *(Il se rapproche)* Tu...

ZHUANGZI — C'est pourtant la vérité, j'ai ce pouvoir. Tu as sûrement entendu parler de Zhuang Zhou de Qiyuan ?

汉子——我不知道。就是你真有这本领，又值什么鸟？你把我弄得精赤条条的，活转来又有什么用？叫我怎么去探亲？包裹也没有了……（有些要哭，跑开来拉住了庄子的袖子，）我不相信你的胡说。这里只有你，我当然问你要！我扭你见保甲去！

庄子——慢慢的，慢慢的，我的衣服旧了，很脆，拉不得。你且听我几句话：你先不要专想衣服罢，衣服是可有可无的，也许是有衣服对，也许是没有衣服对。鸟有羽，兽有毛，然而王瓜茄子赤条条。此所谓"彼亦一是非，此亦一是非"，你固然不能说没有衣服对，然而你又怎么能说有 衣服对呢？……

汉子——（发怒，）放你妈的屁*！不还我的东西，我先揍死你！（一手捏了拳头，举起来，一手去揪庄子。）

庄子——（窘急，招架着，）你敢动粗！放手！要不然，我就请司命大神来还你一个死！

保甲   *bǎojiǎ:* désigne le système mis en place sous la dynastie Song au XIe siècle, qui organisait la population en unités d'une dizaine de familles censées s'auto-administrer et maintenir l'ordre.

* Expression construite à partir de 放屁 *fàngpì* « péter », auquel s'ajoute une allusion à la mère de l'interlocuteur, allusion très insultante en chinois comme dans toutes les langues…

L'HOMME — Jamais. Et ton soi-disant pouvoir, y vaut pas un pet de lapin ! Si c'était pour que je me retrouve complètement à poil, merci ! C'était pas la peine de me ressusciter ! Comment je vais me rendre chez mes parents comme ça ? J'ai même pas mon sac... *(Il est sur le point d'éclater en sanglots, il attrape Zhuangzi par la manche)* J'y crois pas à tes histoires. Il n'y a que toi par ici, c'est toi le coupable ! Je t'emmène chez le chef du village !

ZHUANGZI — Doucement ! Ne tire pas trop fort, mes vêtements sont usés et très fragiles. Écoute-moi donc un peu : ne pense plus à tes habits ; les idées sur la mode, c'est très changeant. Parfois, porter des habits est considéré comme convenable, parfois c'est l'inverse. Les oiseaux ont des plumes, les bêtes ont des poils, mais les concombres et les aubergines n'ont rien du tout. Et tu ne peux pas les juger pour autant ! En aucune façon ne saurait-on dire que de ne pas porter d'habits soit convenable, alors comment peux-tu affirmer qu'en porter le soit ?

L'HOMME *(Pris de rage)* — Va te faire foutre ! Si tu me rends pas mes fringues, j'te fais ton affaire ! *(Il empoigne Zhuangzi d'une main et lève l'autre poing bien serré.)*

ZHUANGZI *(Affolé, il cherche à éviter les coups)* — Tu oses employer la violence ! Lâche-moi ! Sinon je demande au Dieu du Destin de te frapper à mort !

汉子——（冷笑着退开，）好，你还我一个死罢。要不然，我就要你还我的衣服，伞子和包裹，里面是五十二个圜钱，斤半白糖，二斤南枣……

庄子——（严正地，）你不反悔？

汉子——<u>小舅子</u>才反悔！

庄子——（决绝地，）那就是了。既然这么胡涂，还是送你还原罢。（转脸朝着东方，<u>拱两手</u>向天，提高了喉咙，大叫起来：）

至心朝礼，司命大天尊！

天地玄黄，宇宙洪荒。

日月盈昃，辰宿列张。

赵钱孙李，周吴郑王。

冯秦褚卫，姜沈韩杨。

太上老君急急如律令！敕！敕！敕！

（毫无影响，好一会。）

天地玄黄！

太上老君！敕！敕！敕！……敕！

小舅子　*(xiǎo) jiùzi* : dans l'infinie variété des appellations en vigueur au sein de la famille, ce terme désigne le petit frère de l'épouse, en dialecte du nord. Également utilisé (plus rarement) comme insulte ou comme terme péjoratif, comme ici.

拱手　*gǒngshǒu* : désigne le salut traditionnel chinois consistant à placer le poing dans la paume de l'autre main, les deux bras formant arche.

L'HOMME *(Se recule en ricanant)* — Très bien ! Rends-moi donc à la mort, et si t'y arrives pas, rends-moi plutôt mes habits, mon ombrelle et mon sac ! Dedans il y avait cinquante-deux pièces de cuivre, une livre et demie de sucre blanc et deux livres de jujubes du Sud.

ZHUANGZI *(Gravement)* — Ne le regretteras-tu pas ?

L'HOMME — Les regrets c'est pour les femmelettes !

ZHUANGZI *(Résolument)* — Alors d'accord. De toute façon, bouché comme tu es, mieux vaut que tu retournes d'où tu viens. *(Il se tourne vers l'Orient, salue le Ciel et entame son invocation à haute voix :)*

« Je te rends mes sincères hommages,
Ô Dieu du Destin !
La terre est jaune, les cieux obscurs,
L'Univers n'est qu'un désert ;
La Lune croît puis décroît,
Le Soleil grimpe puis s'incline,
Les étoiles constellent le ciel nocturne.
Zhao Qian Sun Li,
Zhou Wu Zheng Wang !
Feng Qin Chu Wei,
Jiang Shen Han Yang !
Par ordre exprès de Lao Tseu, le Vieux Seigneur, montre-toi ! montre-toi ! »

(Il ne se passe rien pendant un bon moment.)

« La terre est jaune, les cieux obscurs, par ordre du Vieux Seigneur, montre-toi !... Allez ! »

（毫无影响，好一会。）

（庄子向周围四顾，慢慢的垂下手来。）

汉子——死了没有呀？

庄子——（颓唐地，）不知怎的，这回可不灵……

汉子——（扑上前，）那么，不要再胡说了。赔我的衣服！

庄子——（退后，）你敢动手？这不懂哲理的野蛮！

汉子——（揪住他，）你这贼骨头！你这强盗军师！我先剥你的道袍，拿你的马，赔我……

（庄子一面支撑着，一面赶紧从道袍的袖子里摸出警笛来，狂吹了三声。汉子愕然，放慢了动作。不多久，从远处跑来一个巡士。）

巡士——（且跑且喊，）带住他！不要放！（他跑近来，是一个鲁国大汉，身材高大，制服制帽，手执警棍，面赤无须。）带住他！这舅子！……

汉子——（又揪紧了庄子，）带住他！这舅子！……

（巡士跑到，抓住庄子的衣领，一手举起警棍来。汉子放手，微弯了身子，两手掩着小肚。）

(Il ne se passe rien pendant un bon moment. Zhuangzi jette des regards tout autour de lui, puis laisse lentement retomber ses bras.)

L'HOMME — Alors je suis mort ou pas ?

ZHUANGZI *(Tout déconfit)* — Je ne sais pas pourquoi ça ne marche pas cette fois-ci…

L'HOMME *(Se jette en avant)* — Suffit la comédie ! Rends-moi mes habits !

ZHUANGZI *(En reculant)* — Tu oses t'en prendre à moi ! Espèce de barbare ! Tu ne comprends rien à la philosophie !

L'HOMME *(L'empoignant)* — Canaille ! Roi des brigands ! Je vais commencer par t'arracher ta robe et te prendre ton cheval, ça me remboursera…

(Zhuangzi se débat tout en retirant en hâte de la manche de sa robe un sifflet d'alarme dans lequel il souffle trois fois comme un forcené. L'homme, interdit, le secoue moins fort. Très vite accourt au loin un agent de police.)

L'AGENT *(Hurle en courant)* — Tenez-le ! Ne le lâchez pas ! *(Il se rapproche ; c'est un grand gaillard du pays de Lou, de haute stature, en uniforme et casquette, une matraque à la main, le visage glabre)* Arrêtez cette crapule !

L'HOMME *(Qui resserre sa prise)* — Arrêtez cette crapule !

(Le policier les rejoint, attrape Zhuangzi par le collet et lève sa matraque. L'autre lâche sa proie et salue en s'inclinant, les deux mains dissimulant son bas-ventre.)

庄子——（托住警棍，歪着头，）这算什么？

巡士——这算什么？哼！你自己还不明白？

庄子——（愤怒，）怎么叫了你来，你倒来抓我？

巡士——什么？

庄子——我吹了警笛……

巡士——你抢了人家的衣服，还自己吹警笛，这昏蛋！

庄子——我是过路的，见他死在这里，救了他，他倒缠住我，说我拿了他的东西了。你看看我的样子，可是抢人东西的？

巡士——（收回警棍，）"知人知面不知心"，谁知道。到局里去罢。

庄子——那可不成。我得赶路，见楚王去。

巡士——（吃惊，松手，细看了庄子的脸，）那么，您是漆……

庄子——（高兴起来，）不错！我正是漆园吏庄周。您怎么知道的？

巡士——咱们的局长这几天就常常提起您老，说您老要上楚国发财去了，也许从这里经过的。(…)

知人知面不知心

zhī rén zhī miàn bù zhī xīn : « on connaît le visage mais non le cœur de l'homme ». Ancien proverbe chinois, remontant au XIIIe ou XIVe siècle.

ZHUANGZI *(Agrippant la matraque d'une main et tordant le cou)* — Qu'est-ce qui vous prend ?

L'AGENT — Ce qui me prend ? Hmmf ! Ce n'est peut-être pas tout à fait clair pour toi ?

ZHUANGZI *(Enrageant)* — Je vous appelle au secours, et vous voulez m'arrêter ?

L'AGENT — Quoi ?

ZHUANGZI — C'est moi qui ai utilisé le sifflet d'alarme...

L'AGENT — Il faut avoir un sacré culot pour appeler soi-même la police après avoir dérobé les effets d'autrui !

ZHUANGZI — Je passais par ici, j'ai vu son cadavre, je l'ai secouru et en guise de remerciements, il me secoue et prétend que je lui ai volé ses affaires ! Regardez-moi, est-ce que j'ai l'air d'un voleur de poules ?

L'AGENT *(En rangeant sa matraque)* — Qui sait ? L'habit ne fait pas le moine. On va en discuter au poste.

ZHUANGZI — Que non point. Je dois reprendre ma route pour me rendre à la cour de Chu.

L'AGENT *(Surpris, il le relâche et le regarde d'un peu plus près)* — Ne seriez-vous pas...

ZHUANGZI *(Se redressant)* — Oui ! Je suis bien Zhuang Zhou de Qiyuan. Comment m'avez-vous reconnu ?

L'AGENT — Le chef nous a souvent parlé de Votre Éminence ces jours-ci, il nous a prévenus que vous devriez passer par ici pour aller chercher fortune à Chu. *(...)*

(…)敝局长也是一位隐士，带便兼办一点差使，很爱读您老的文章，读《齐物论》，什么"方生方死，方死方生，方可方不可，方不可方可"，真写得有劲，真是上流的文章，真好！您老还是到敝局里去歇歇罢。

（汉子吃惊，退进蓬草丛中，蹲下去。）

庄子——今天已经不早，我要赶路，不能耽搁了。还是回来的时候，再去拜访贵局长罢。

（庄子且说且走，爬在马上，正想加鞭，那汉子突然跳出草丛，跑上去拉住了马嚼子。巡士也追上去，拉住汉子的臂膊。）

庄子——你还缠什么？
汉子——你走了，我什么也没有，叫我怎么办？（看着巡士，）您瞧，巡士先生……
巡士——（搔着耳朵背后，）这模样，可真难办……但是，先生……我看起来，（看着庄子，）还是您老<u>富裕</u>一点，赏他一件衣服，给他遮遮羞……

齐物论　*Qíwùlùn*: Discours sur l'égalité des choses. Il s'agit du second chapitre du *Zhuangzi*.

富裕　*fù yù* : « riche, aisé, prospère ».

(...) Notre chef est une sorte d'ermite qui ne travaille qu'à temps partiel, il adore nous lire des passages entiers de vos œuvres. Par exemple, le *Discours sur l'égalité des choses* : « Sitôt mort, sitôt en vie ; sitôt né, sitôt décédé. Du possible naît l'impossible, et vice-versa ». C'est écrit avec une telle vigueur... très fort, vraiment ! Mais Votre Éminence ne souhaite-t-elle pas venir se reposer un peu au poste de police ?

(Le paysan, ébahi, se recule et se dissimule à croupetons dans un buisson.)

ZHUANGZI — Il se fait tard, il faut que je reparte, je ne peux m'attarder. Mais sur le chemin du retour je promets de rendre visite à votre chef.

(Tout en parlant, il remonte à cheval. Au moment où il va donner un coup de cravache, le paysan bondit de son buisson et attrape la monture par le mors. L'agent s'avance pour empoigner l'homme par l'épaule.)

ZHUANGZI — Qu'as-tu encore à te mettre en travers de mon chemin ?

L'HOMME — Vous partez, mais moi j'ai plus rien, qu'est-ce que j'vais devenir ? *(Il se tourne vers l'agent)* Regardez, M'sieur l'Agent...

L'AGENT *(Après s'être gratté le crâne juste derrière l'oreille)* — C'est vrai que vu comme ça... Votre Éminence *(Il lève la tête vers le cavalier)*... J'y pense, vous devez en avoir les moyens, prêtez-lui un vêtement pour qu'il soit au moins présentable.

庄子——那自然可以的,衣服本来并非我有。不过我这回要去见楚王,不穿袍子,不行,脱了小衫,光穿一件袍子,也不行……

巡士——对啦,这实在少不得。(向汉子,)放手!

汉子——我要去探亲……

巡士——<u>胡说</u>!再麻烦,看我带你到局里去!(举起警棍,)<u>滚开</u>!

(汉子退走,巡士追着,一直到乱蓬里。)

庄子——再见再见。

巡士——再见再见。您老走好哪!

(庄子在马上打了一鞭,走动了。巡士反背着手,看他渐跑渐远,没入尘头中,这才慢慢的回转身,向原来的路上踱去。)

(汉子突然从草丛中跳出来,拉住巡士的衣角。)

巡士——干吗?

汉子——我怎么办呢?

胡说 *hú shuō* : « dire n'importe quoi, raconter des conneries, sans queue ni tête ».

滚开 *gǔn kāi* : « casse-toi, dégage, tire-toi ! »

ZHUANGZI — Ce serait sans problème, d'ailleurs je ne suis pas, de nature, attaché à la possession de ces bouts d'étoffe. Mais cette fois-ci, je dois voir le roi de Tch'ou en audience, je ne peux quand même pas me présenter à lui sans robe. Et je ne peux pas non plus porter la robe sans sous-vêtements…

L'AGENT — C'est vrai, ce n'est pas possible. *(À l'homme :)* Lâche-le !

L'HOMME — Mais moi j'dois rendre visite à ma famille !

L'AGENT — Tais-toi ! Continue comme ça, je t'alpague et tu termines au poste ! *(Il lève sa matraque)* Dégage !

(L'homme bat en retraite, le policier le poursuit jusqu'aux herbes folles.)

ZHUANGZI — Au revoir, au revoir !

L'AGENT — Au revoir, Votre Éminence ! Bonne route !

(Zhuangzi cravache sa monture et se met en route. Les mains dans le dos, le policier le regarde s'éloigner et disparaître dans un nuage de poussière. Puis il se retourne lentement et repart dans la direction d'où il était venu. L'homme jaillit des buissons et le retient par le rebord de sa veste.)

L'AGENT — Quoi encore ?

L'HOMME — Comment j'vais faire ?

巡士——这我怎么知道。

汉子——我要去探亲……

巡士——你探去就是了。

汉子——我没有衣服呀。

巡士——没有衣服就不能探亲吗?

汉子——你放走了他。现在你又想溜走了,我只好找你想法子。不问你,问谁呢?你瞧,这叫我怎么活下去!

巡士——可是我告诉你:自杀是弱者的行为呀!

汉子——那么,你给我想法子!

巡士——(摆脱着衣角,)我没有法子想!

汉子——(绾住巡士的袖子,)那么,你带我到局里去!

巡士——(摆脱着袖子,)这怎么成。赤条条的,街上怎么走。放手!

汉子——那么,你借我一条裤子!

巡士——我只有这一条裤子,借给了你,自己不成样子了。(竭力的摆脱着,)不要胡闹!放手!

汉子——(揪住巡士的颈子,)我一定要跟你去!

巡士——(窘急,)不成!

汉子——那么,我不放你走!

L'AGENT — Qu'est-ce que j'en sais, moi ?

L'HOMME — Je dois rendre visite à mes parents…

L'AGENT — Eh bien vas-y !

L'HOMME — Mais j'ai pas d'habits !

L'AGENT — Sans habits tu ne peux pas aller voir tes parents ?

L'HOMME — Vous l'avez laissé partir. Maintenant vous voulez y aller aussi, mais il faut que vous trouviez une solution. Si vous y arrivez pas, qui donc le pourra ? Regardez, j'vais attraper la mort comme ça, moi !

L'AGENT — Ah ça… mais je dois te prévenir : le suicide est la solution des faibles.

L'HOMME — Alors z'avez qu'à m'en trouver une, de solution !

L'AGENT *(En libérant sa veste)* — Quelle solution ? Je n'ai pas de solution.

L'HOMME *(Il le rattrape par la manche)* — Emmenez-moi au poste !

L'AGENT *(En libérant sa manche)* — Qu'est-ce que tu crois ? Nu comme tu es, je ne peux pas t'emmener en ville. Lâche-moi !

L'HOMME — Alors prêtez-moi un pantalon !

L'AGENT — Je n'ai qu'un seul pantalon, de quoi aurai-je l'air si je te le donne ? *(Il tire de toutes ses forces)* Arrête tes conneries ! Mais lâche-moi donc !

L'HOMME *(L'empoignant par le cou)* — Je veux aller avec vous !

L'AGENT *(Affolé)* — Non !

L'HOMME — J'vous laisserai pas partir !

巡士——你要怎么样呢?

汉子——我要你带我到局里去!

巡士——这真是……带你去做什么用呢?不要捣乱了。放手!要不然……(竭力的挣扎。)

汉子——(揪得更紧,)要不然,我不能探亲,也不能做人了。二斤南枣,斤半白糖……你放走了他,我和你拚命……

巡士——(挣扎着,)不要捣乱了!放手!要不然…… 要不然…… (说着,一面摸出警笛,狂吹起来。)

     一九三五年十二月作。

L'AGENT — Mais qu'est-ce que tu veux à la fin ?

L'HOMME — Je veux que vous m'emmeniez au poste de police.

L'AGENT — C'est vraiment... à quoi ça pourrait bien rimer ? Ça suffit ce cirque... Lâche-moi ! Sinon... *(Il se débat comme un beau diable)*

L'HOMME *(Il le serre plus fort)* — Sinon, je pourrai pas aller voir mes parents et je perdrai complètement la face ! Deux livres de jujubes du Sud, une livre et demie de sucre blanc... Tu l'as laissé s'enfuir, alors je règle mes comptes avec toi !

L'AGENT *(Se débattant)* — Tu dépasses les bornes ! Lâche-moi ! Sinon... sinon... *(Il attrape son sifflet et souffle dedans frénétiquement)*

Décembre 1935

TABLE DES MATIÈRES

p. 2
Du même auteur & traducteur

p. 5
Préface & mode d'emploi de l'édition bilingue

p. 8
Avertissement
(Transcription latine utilisée)

p. 9
Réveiller les morts

p. 45
Table

www.ingramcontent.com/pod-product-compliance
Lightning Source LLC
LaVergne TN
LVHW010414070526
838199LV00064B/5299